BEI GRIN MACHT SICH IHR WISSEN BEZAHLT

Bibliografische Information der Deutschen Nationalbibliothek:

Die Deutsche Bibliothek verzeichnet diese Publikation in der Deutschen National-
bibliografie; detaillierte bibliografische Daten sind im Internet über http://dnb.d-
nb.de/ abrufbar.

Impressum:

Copyright © 2019 GRIN Verlag
Druck und Bindung: Books on Demand GmbH, Norderstedt Germany
ISBN: 9783346099266

Dieses Buch bei GRIN:

https://www.grin.com/document/512372

Benyamin Ziani

Die AfD bei der Bundestagswahl 2017. Korreliert der Erfolg mit ihrer Positionierung bei der Flüchtlingsfrage ab 2015?

GRIN Verlag

GRIN - Your knowledge has value

Der GRIN Verlag publiziert seit 1998 wissenschaftliche Arbeiten von Studenten, Hochschullehrern und anderen Akademikern als eBook und gedrucktes Buch. Die Verlagswebsite www.grin.com ist die ideale Plattform zur Veröffentlichung von Hausarbeiten, Abschlussarbeiten, wissenschaftlichen Aufsätzen, Dissertationen und Fachbüchern.

Besuchen Sie uns im Internet:

http://www.grin.com/

http://www.facebook.com/grincom

http://www.twitter.com/grin_com

Universität Duisburg-Essen

Fakultät für Gesellschaftswissenschaften

Institut für Politikwissenschaft

B.A. Politikwissenschaft

Seminar: Parteien und Parteiensysteme

im internationalen Vergleich

„Korreliert der Erfolg der AfD bei der Bundestagswahl 2017 mit ihrer Positionierung bei der Flüchtlingsfrage ab 2015?"

Sommersemester 2019

Name: Benyamin Ziani

Studiengang: B.A. Politikwissenschaft

Ort, Datum: Heiligenhaus, den 15.09.2019

Inhaltsverzeichnis

1. Einleitung

Der Erfolg der rechtspopulistischen Parteien in Europa nimmt in den letzten Jahren immer weiter zu, so auch in Deutschland. Die AfD hat sich nach ca. einem halben Jahrzehnt in der deutschen Parteienlandschaft etabliert. Eine Partei, die ideologisch und politisch zu all den anderen Parteien in Deutschland im Gegensatz steht und in den letzten Jahren somit für großen medialen, als auch parteipolitischen Aufruhr sorgte. Während die großen Volksparteien im Bundestag zunehmend an Stimmen verlieren, wächst die rechtsorientierte Fraktion immer weiter und rasanter. Aufgrund dessen ist davon auszugehen, dass die AfD auch bei der nächsten Bundestagswahl 2021 weiterhin zulegen wird. Doch welche Faktoren führten zu einem solchen Erfolg der AfD? Wie so oft war es ohne Zweifel ein Zusammenspiel von vielen Faktoren, die der AfD die Gunst vieler Bürger bescherte. Wenn man sich die Erfolgsjahre der AfD anschaut, so stellt man fest, dass die AfD vor allem in einem Zeitraum an Erfolg gewonnen hat, der von der Flüchtlingsdebatte in Deutschland dominiert war. Es kommt also nicht von ungefähr diese beiden Faktoren zu verbinden.

Umso wichtiger erscheint eine wissenschaftliche Auseinandersetzung dieser Thematik. Gleichwohl die Volksparteien weiterhin die Mehrheit bilden und somit die Regierung stellen, ist eine Vertiefung dieser Thematik dringend notwendig. Denn diese Form der Auseinandersetzung und Vertiefung kann zum Verständnis rechtspopulistischer Parteien beitragen und könnte somit ein weiteres Erstarken der AfD vorbeugen bzw. entgegenwirken.

Doch was veranlasst die Bürger der Bundesrepublik bei einer Bundestagswahl rechtspopulistische Parteien wie die AfD zu wählen? Wenn man die Theorien des Wahlverhaltens aus der Politikwissenschaft außer Acht lässt, so gibt es dennoch zahlreiche wissenschaftliche Publikationen zum Thema „Erfolg der AfD". Das Interessante jedoch, dass in der politikwissenschaftlichen Literatur nicht allzu häufig thematisiert wurde, ist das Zusammenspiel der öffentlich-gesellschaftlichen Nachfrage und das Angebot der AfD im Hinblick auf die Flüchtlingsfrage ab 2015. Die gleichzeitige Positionierung der AfD bei der Flüchtlingsdebatte, das mit dem Angebot einhergeht, spielt hierbei eine gesonderte Rolle.

Die vorliegende wissenschaftliche Arbeit beansprucht für sich, einen Erklärungsansatz für den Erfolg der AfD in den letzten Jahren zu liefern. Wie bereits erwähnt sind die Gründe für den Aufstieg der AfD in Deutschland vielfältig und hängen somit von mehreren Faktoren ab. Eine Berücksichtigung aller Faktoren ist nicht nur methodologisch schwer umsetzbar, sondern auch für die vorliegende Seminararbeit rahmensprengend. So versucht die vorliegende Hausarbeit eine Verknüpfung zwischen der Flüchtlingsdebatte seit 2015 und dem Erfolg der AfD bei den Bundestagswahlen 2017 herzustellen. Demnach lautet die Forschungsfrage für die vorliegende wissenschaftliche Arbeit: „Korreliert der Erfolg der AfD bei der Bundestagswahl 2017 mit ihrer Positionierung bei der Flüchtlingsfrage ab 2015?"

Nach einem anfänglichen, zusammenfassenden Blick auf die Bundestagswahl 2017, wird die „Theorie der Nischenparteien" von Bonnie M. Meguid näher beleuchtet und auf den vorliegenden Sachverhalt angewendet. Anhand der Forschungsfrage und der Theorie von Meguid werden dann Hypothesen abgeleitet, die im analytischen Teil überprüft werden. Um diese Analyse faktisch zu unterstützen, wird im vorherigen Schritt die Flüchtlingsdebatte ab 2015 kurz skizziert und die Meinung der Öffentlichkeit - speziell der Bürger – zur Flüchtlingsfrage ermittelt und dargestellt. Um die Hypothesen vollständig und in Gänze beantworten zu können, bedarf es noch einen Zwischenschritt. Dieser besteht aus der Skizzierung der Positionierung der AfD zur Flüchtlingsfrage bei der Bundestagswahl 2017. Hierzu dient vor allem das Parteiprogramm der AfD zur BTW 2017 als Grundlage der Positionsfindung. Im letzten Abschnitt erfolgen dann, einige abschließende und zusammenfassende Worte mit Ausblick auf die nahe Zukunft der Parteienlandschaft in Deutschland, in Bezug auf den weiterwährenden Erfolg der AfD.

2. Theoretische Basis

Wie bereits in der Einleitung erwähnt, speist die vorliegende Arbeit ihre Legitimität aus der Nischenparteientheorie von Bonnie M. Meguid. Bevor jedoch diese Theorie näher beleuchtet wird, lohnt sich ein Blick auf die Ergebnisse der Bundestagswahl 2017 und dessen Folgen.

2.1 Ergebnisse der Bundestagswahl 2017

Die Bundestagswahl 2017 gilt als Überraschungsjahr für die etablierten Parteien und somit für die deutsche Parteienlandschaft insgesamt. Es war die Wahl, in der die hoch umstrittene AfD zum ersten Mal in den Bundestag zog. Bei einer gestiegenen Wahlbeteiligung von ca. 5%-Punkten überschritt die rechtspopulistische Partei nicht nur erstmals die deutsche Sperrklausel für den Bundestag von fünf Prozent, sondern war mit ca. 13%, nach den zwei großen Volksparteien sogar drittstärkste Partei bei jener Wahl. Noch vier Jahre zuvor scheiterte die AfD mit 4,7% Stimmenanteil an der Fünf-Prozent-Hürde. Die beiden großen Volksparteien CDU und SPD verloren in dieser Wahlperiode deutlich an Stimmen – die CDU ca. 8%-Punkte Stimmenverlust und die SPD ca. 5%-Punkte Stimmenverlust (Bundeswahlleiter.de, 2017). Andere namhafte Parteien wie FDP, LINKE und GRÜNE konnten bei dieser Wahl wiederum zulegen und sich gleichzeitig über eine höhere Anzahl von Sitzen im Bundestag freuen (Bundeswahlleiter.de, 2017)

Die Bundestagswahl stand neben den üblichen Themen wie Schul- und Bildungspolitik und Altersarmut, ganz im Zeichen der zwei Jahre zuvor neu entstandenen Flüchtlingspolitik durch die Flüchtlingskrise. Dies belegt folgende Statistik von „Infratest dimap".

Abb. 1: BTW 2017 „Sehr wichtig für meine Wahlentscheidung" (wahl.tagesschau.de, 2017)

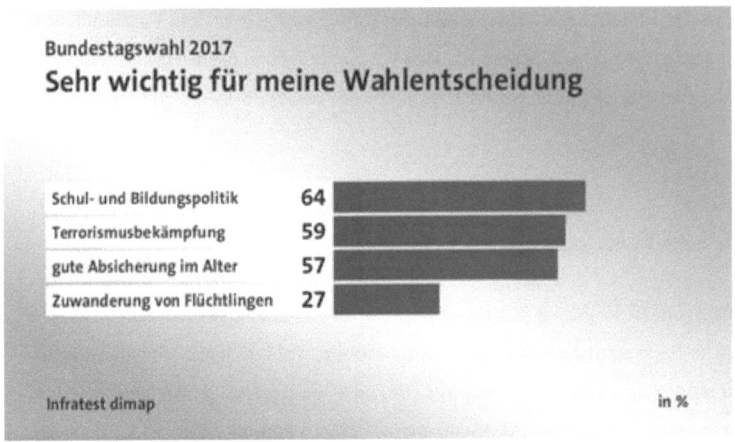

Diese Statistik zeigt die Themen, die die Wähler 2017 dazu bewegte wählen zu gehen. Neben den Dauersorgen „Schul- und Bildungspolitik" und „gute Absicherung im Alter" der Bürger, sind Terrorismusbekämpfung (59%) und Zuwanderung (27%) u.a. Themen, die die Bürger zu jener Zeit beschäftigten. Die vorliegende wissenschaftliche Arbeit wird vor allem das Besorgnis „Zuwanderung von Flüchtlingen" im Hinblick auf den Erfolg der AfD, genauer unter die Lupe nehmen.

Im Anschluss an den Wahlausgang der Bundestagswahl 2017 kam es zu einer „Großen Koalition", die das 24. Regierungskabinett der Bundesrepublik bildete. Mit CDU und SPD hatten sich die beiden stimmlich mächtigsten Parteien koaliert, sodass die drittstärkste Kraft -die AfD- die stärkste Opposition im Bundestag bildete. Doch wie schaffte es eine Partei, die vier Jahre zuvor es nicht einmal schaffte in den Bundestag zu gelangen, mit 94 Sitzen drittstärkste Kraft und die größte Opposition im Bundestag zu werden? Genau dies wird Gegenstand der Untersuchung dieser Hausarbeit sein.

2.2 Theorie des Erfolgs von Nischenparteien nach Bonnie M. Meguid

Das theoretische Fundament dieser wissenschaftlichen Hausarbeit bildet die Theorie „des Erfolgs von Nischenparteien" der Politikwissenschaftlerin Bonnie Meguid. Sie differenziert zwischen zwei Arten von Parteienfamilien. Mainstreamparteien werden als Gruppe nicht näher definiert, da sie ganz einfach als der Teil eines Parteiensystems zu verstehen sind, der nicht den Kriterien einer Nischenpartei entspricht (Meguid 2005, S. 348). Nischenparteien sind nach Meguid diejenigen Parteien, die ihre Schwerpunkte und ihr Hauptaugenmerk auf unbesetzte Politikfelder setzen und sich damit jenseits der traditionellen Klassenstruktur von Mainstreamparteien befinden (Meguid 2005, S. 347). Meguid führt ein weiteres Kriterium auf, nämlich das der „single-issue-parties". Demnach konzentrieren sich Nischenparteien im Gegensatz zu Mainstreamparteien programmatisch auf nur wenige Themen, mit denen jedoch eine sehr starke Identifikation stattfindet. Aus dieser Fokussierung resultiert, dass Nischenparteien in der öffentlichen Meinung zu diesem Thema als übermäßig kompetent angesehen werden (Meguid 2005, S.348). Das dritte und letzte Kriterium, welches Meguid in ihrer Veröffentlichung anführt, ist eine relativ heterogene Wählerschaft, die Nischenparteien besitzen. Diese Wählerschaft setzt sich nicht entlang der klassischen Cleavages zusammen, sie weist vielmehr eine Querstruktur zu den gesellschaftlichen Konfliktlinien auf.

Anhand der Auffassungen von Meguid wird für die vorliegende Arbeit die Alternative für Deutschland als rechtspopulistische Nischenpartei betrachtet. Diese Tatsache wird in der gesamten vorliegenden Arbeit als gegeben betrachtet, da eine analytische Erklärung dessen, den Rahmen der Hausarbeit sprengen würde.

Weiterhin setzte Anthony Downs mit seinem „räumlichen Modell des Parteienwettbewerbs" in Bezug auf Nischenparteien einen Grundstein, den Meguid in ihrer wissenschaftlichen Arbeit erweiterte. So baut sie Downs Modell um die Faktoren Salienz bzw. Wichtigkeit des Problems – „issue ownership"- und programmatische Ausrichtung der Partei aus. Dies ermöglichte Meguid eine effektivere und präzisere Erforschung der Parteistrategien im Parteienwettbewerb (Meguid 2005, S.349). Im Gegensatz zu Downs Theorie wird bei Meguid nicht vorausgesetzt, dass alle Parteien allen Politikfeldern gleich viel bzw. überhaupt Beachtung schenken. Eine Nischenpartei entscheidet sich demnach bewusst, ob ein Themenfeld akzentuiert wird oder nicht. Meguid bezeichnet dies als „dismissive-strategy", das taktische Ignorieren von Themenfeldern (Meguid 2005, S.349). Ziel ist es hierbei, den WählerInnen die Bedeutungslosigkeit eines Themas zu signalisieren, dem Thema die Aufmerksamkeit zu entziehen und folglich der Nischenpartei die Wähler zu entziehen.

Konträr zu dieser Strategie steht den Massenparteien offen in den Kampf um die „issue-ownership" einzutreten, um ihnen ein von den Nischenparteien favorisiertes Wahlthema streitig zu machen. Die Massenpartei kann sich demnach die „accomodative-strategy" zu Nutze machen, also sich in derselben Stellung positionieren wie die Nischenpartei selbst oder bei Bezug der Gegenposition die „adversarial-strategy" anwenden (Meguid 2005, S.349). Bei der „accomodative-strategy" – also einer Übernahme des „Issues" der Nischenpartei - wird der Wähler vor die Entscheidung zwischen Massenpartei und Nischenpartei gebracht. Demzufolge werden sich die WählerInnen für die Partei entscheiden, die ihrer eigenen Ideologie ähnelt. Meguid vermutet sogar, dass sich WahlerInnen, die ideologisch unentschieden sind, aufgrund der Kredibilität und langjährigen Erfahrung eher für die Mainstreampartei entscheiden (Meguid 2005, S. 349). Während die „accomodative-strategy" in einen WählerInnenzulauf im Sinne der Mainstreampartei endet, führt die „adversarial-strategy" dazu, dass die Massenparteien einen Wählerschwund erleiden. Laut Meguid lenkt das Einnehmen der Gegenposition die Aufmerksamkeit der WählerInnen auf die eigentliche Positionierung der Nischenpartei und verstärkt so nicht nur den Effekt des „issue-ownership", sondern gleichzeitig auch die Sympathie für die Nischenpartei. So ist schlussendlich die Haltung des Wählers zum „issue" der Nischenpartei selbst, entscheidend für seine Stimmgebung.

2.3 Ableitung einer Hypothese

Nachdem die Theorie des „Erfolgs von Nischenparteien" hinreichend erörtert wurde, stellt sich nun die Frage, inwieweit sich der Erfolg der AfD in den letzten Jahren – und somit auch bei der Bundestagswahl 2017 – durch die Positionierung zur Flüchtlingsfrage erklären lässt. Hierbei ist die oben angeführte „adversarial-strategy" und „accomodative-strategy" von essentieller Bedeutung. Denn die vorliegende Seminararbeit geht davon aus, dass im Zuge der Flüchtlingskrise und der Willkommenskultur ab 2015 bis auf die AfD, alle anderen deutschen Parteien rund um das Flüchtlingsthema denselben Tenor von sich gaben. Wenn also ein Teil der Öffentlichkeit bzw. der Bürger jene Positionierung der Massenparteien ablehnten und genau das Gegenteil forderten, dann hieße dies im Umkehrschluss, dass die AfD viele WählerInnen der Massenparteien gewinnen konnte. Dies gilt es nun zu überprüfen. Zusammenfassend lautet dementsprechend die Hypothese für die vorliegende Hausarbeit wie folgt:

„Der Erfolg der AfD bei der Bundestagswahl 2017 korreliert unmittelbar mit der einhergehenden Positionierung der AfD in der Flüchtlingsfrage".

3. Analyse

Die Flüchtlingsdebatte – folgend aus der Flüchtlingskrise ab 2015 – war nicht nur ein omnipräsentes Thema bei der europäischen Bevölkerung, sondern auch in der breiten Parteienlandschaft Europas. Die Asylanträge stiegen in Europa, im Gegensatz zum Vorjahr, um etwa 85 Prozent (Lehmann 2015, S.1). Dadurch wurde die Kompetenz der Europäischen Union und auch der, der deutschen Behörden immer wieder überschritten. Die deutschen Massenparteien positionierten sich in der Flüchtlingsfrage vergleichsweise ungefähr in dieselbe Richtung. Sie versuchten eine Lösung der Massenmigration auf europäischer Ebene zu finden. Bis auf die AfD, die hier die Ausnahme bildete, waren sich alle Parteien in Sachen Lösung der Flüchtlingskrise, bis auf minimalen Abweichungen, einig. So lassen sich zumindest die Wahlprogramme der deutschen Parteien zur Bundestagswahl 2017 interpretieren (tagesschau.de 2017). Alle folgenden Teilanalysen ergeben im weiteren Verlauf die Überprüfung und Beantwortung der Forschungshypothese.

3.1 Die öffentliche Meinung zur Flüchtlingsfrage

Bevor die Wahlprogramme näher beleuchtet werden, widmet sich dieses Unterkapitel der öffentlichen Meinung zur Flüchtlingsfrage. So wird versucht die Nachfrage der deutschen Bürger zum Thema Flüchtlings- und Migrationspolitik besser zu beleuchten, um im zweiten Teil der Analyse, die Positionierung der AfD zu skizzieren und in einem dritten Teil beide vorangegangen Teilanalysen zusammen zu führen.

Die Forschungshypothese geht davon aus, dass die AfD aufgrund ihrer Positionierung in der Flüchtlingsfrage, bei der Bundestagswahl 2017 an deutlichem Zuwachs gewonnen hat. Dem vorauszusetzen ist jedoch, dass es ab 2015 bis 2017 ausreichend Bürger gab, die die Positionierung der Massenparteien nicht guthießen und so die AfD zur drittstärksten Partei im aktuellen Bundestag wählten. Um die öffentliche Meinung rund um das Thema Flüchtlinge und Migration repräsentativ darzustellen und in die vorliegende Hausarbeit adäquat zu integrieren, werden Umfragen von „Infratest dimap" als Grundlage hierfür dienen.

Infratest dimap ist ein Institut der Gesellschaft für Trend- und Wahlforschung und ist vor allem für ihre Prognosen und Hochrechnungen an Wahlabenden bekannt. Das Institut ist heute „einer der leistungsstärksten Anbieter von Wahl- und Politikforschung in Deutschland. Zu den Kunden gehören neben der ARD und ihren angeschlossenen Rundfunkanstalten eine Reihe führender Tages- und Wochenzeitungen, Zeitschriften und Magazine. Weitere Auftraggeber sind Regierungseinrichtungen, Verbände, Universitäten, Botschaften, internationale Organisationen sowie Wirtschaftsunternehmen." (infratest-dimap.de).

Merkels Asyl- und Flüchtlingspolitik stand kurz vor der Bundestagswahl scharf in der Kritik. So ergaben repräsentative Umfragen, dass die Befragten und somit die Bürger die Flüchtlingskrise ab 2015 nicht nur kritisiert, sie erhofften sich vielmehr eine sofortige Verbesserung der Flüchtlingspolitik (Lehmann 2015, S.2). Dies machen folgende Umfragestatistiken deutlich.

Abb.2: BTW2017 „Ansichten zum Thema Flüchtlinge" (wahl.tagesschau.de, 2017)

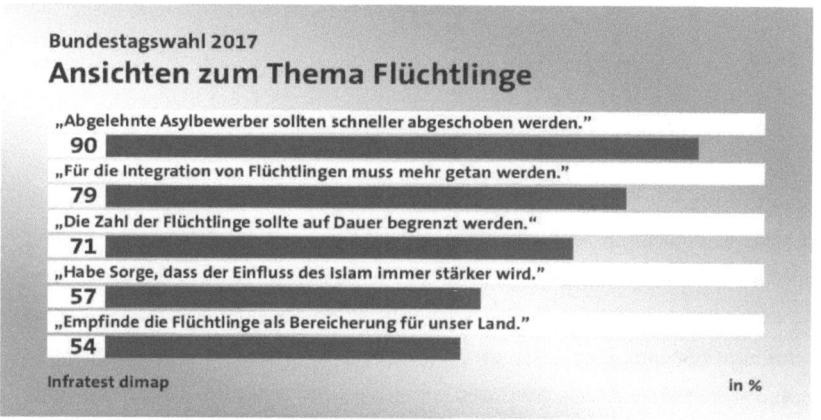

Die vorliegende Umfrage von Infratest dimap stellt die wichtigsten Ansichten der deutschen Bevölkerung zum Thema Flüchtlinge kurz vor der Bundestagswahl 2017 dar. Demnach sagten 90 Prozent der Befragten „abgelehnte Asylbewerber sollten schneller abgeschoben werden", 71 Prozent war der Meinung „die Zahl der Flüchtlinge sollte auf Dauer begrenzt werden" und 57 Prozent teilten mit, dass sie Sorge haben, dass der Einfluss des Islams immer stärker werde. Die anderen beiden Kategorien sind im Sinne der Forschungsfrage nicht von Relevanz. Dies sind klare Standpunkte der Bürger, die aufgrund der damals aktuellen Asyl- und Flüchtlingspolitik ihre Sorge in dieser Umfrage äußerten. Dass die deutschen Bürger sich über Merkels Flüchtlingspolitik echauffierten und so eventuell aus Protest die AfD wählten, zeigt die nachfolgende Statistik sehr deutlich.

Abb. 3: BTW2017 „Zufriedenheit mit Merkels Flüchtlingspolitik" (wahl.tagesschau.de, 2017)

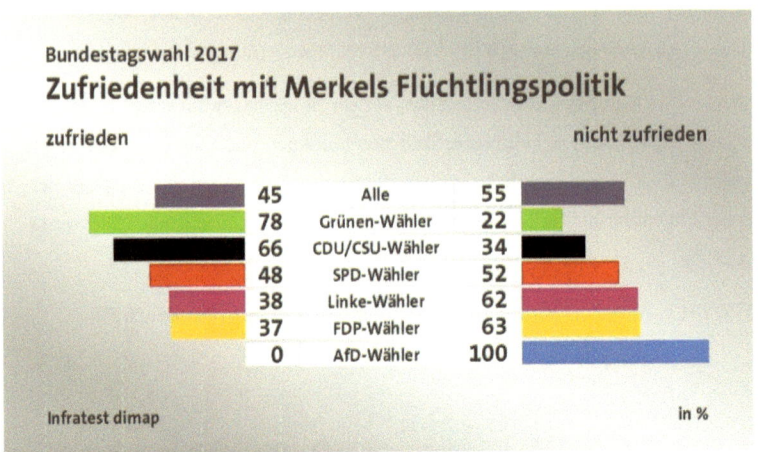

Die hier vorliegende Statistik zeigt die Zufriedenheit bzw. die Unzufriedenheit der Befragten zu Merkels Flüchtlingspolitik. Auffällig hierbei ist, dass alle AfD-Wähler - 100 Prozent - nicht mit Merkels Flüchtlingspolitik zufrieden sind. Außerdem ist die Mehrheit - 55 Prozent - aller befragten Wähler der deutschen Parteien ebenfalls mit dem eben genannten Thema nicht zufrieden. Daraus lässt die Affinität der AfD-Wähler zur Partei selbst, bis zu einem gewissen Maße anhand der Unzufriedenheit gegenüber Merkels Flüchtlingspolitik, als auch der Positionierung der Massenparteien vermuten.

3.2 Die Positionierung der Parteien in der Flüchtlingsfrage

Dem vorausgegangen Kapitel kann man entnehmen, dass die deutsche Bevölkerung zu großen Teilen mit der damalig aktuellen Flüchtlings- und Migrationspolitik der Massenparteien nicht einverstanden war. So ist anzunehmen, dass sich viele Bürger entschieden, konträre Meinungen – im Sinne der „adversarial-strategy" - zu stärken, um so ihrer Unzufriedenheit Gehör zu verschaffen. Die Forschungshypothese geht davon aus, dass jene Bürger ihrer Stimme durch die AfD Stärke verleihen konnten. So lässt sich zum Teil der Anstieg des Stimmanteils der AfD von ca. 10 Prozentpunkten bei der Bundestagswahl 2017 erklären.

Nachdem also die öffentliche Meinung zur Flüchtlingsfrage untersucht wurde, widmet sich dieses Unterkapitel nun den Positionierungen der Parteien zum selben Thema. Grundlage hierfür werden „Manifesto" Daten sein. „Das Manifesto-Projekt liefert der wissenschaftlichen Gemeinschaft die politischen Positionen der Parteien, die sich aus einer inhaltlichen Analyse der Wahlmanifeste der Parteien ergeben. Es umfasst über 1000 Parteien von 1945 bis heute in über 50 Ländern auf fünf Kontinenten. Der Hauptdatensatz des Projekts wird zweimal jährlich aktualisiert. Es bietet sofortigen Zugriff auf Manifesttexte und inhaltsanalytische Daten und ermöglicht die einfache Suche und Visualisierung des Daten- und Textkorpus. Das Manifesto-Projekt zielt darauf ab, die Rolle der Parteien in verschiedenen Phasen des politischen Prozesses inhaltlich zu analysieren und die Qualität der programmatischen Repräsentation speziell zu untersuchen. Es untersucht das programmatische Angebot von Parteien, das Verhältnis zwischen Parteien und Wählern, die Rolle der Parteien im Parlament und die Übersetzung von Parteiprogrammen in politische Ergebnisse." (manifesto-project.wzb.eu).

Abb. 4: Rechts-Links-Positionierung zum Thema „Einwanderung: negativ" BTW2013 & 2017 (Volkens, Krause et al. 2019a)

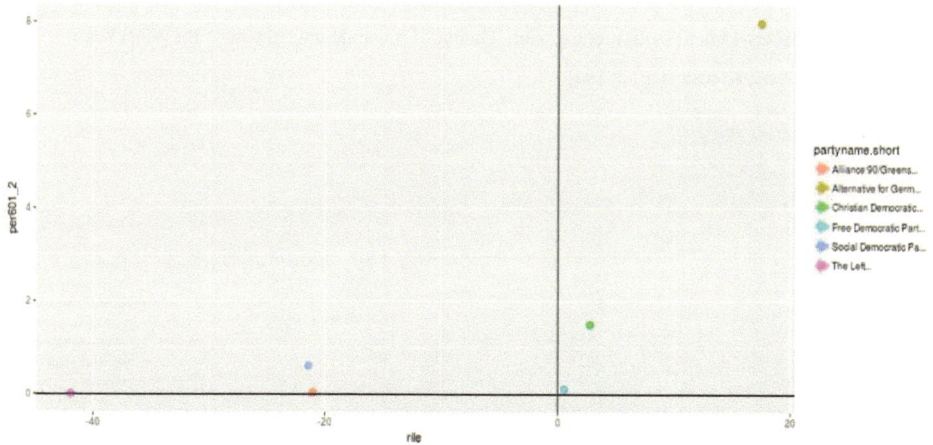

Die vorliegende Statistik zeigt die Veränderung der Positionierung der deutschen Parteien zum Thema negative Einstellung/Äußerungen zur Einwanderung, von der Bundestagswahl 2014 hin zur Bundestagswahl 2017. Auf der X-Achse sind hierbei die Parteien in einem Rechts-Links-Spektrum positioniert, während auf der Y-Achse die Stärke der Negativität der Äußerungen der Parteien zum Thema Einwanderung verortet sind. Während sich alle großen Parteien bei der Y-Achse in etwa auf der Höhe 0 befinden - und somit fast keine negativen Aussagen über Einwanderung in ihrem Wahlprogramm trafen – kleidet die AfD den auffällig hohen Wert 8 auf der Y-Achse. Daraus lässt sich schließen, dass die AfD in ihrem Wahlprogramm des Öfteren negative Aussagen über Einwanderung traf. Des Weiteren fällt die nicht vorhandene Entwicklung der Positionierung der Parteien zu diesem Thema ins Auge. Denn die vorliegende Statistik vereint die Positionierungen der Parteien zu jenem Thema sowohl bei der Bundestagswahl 2013, als auch bei der Bundestagswahl 2017. So ist davon auszugehen, dass sich die Positionierungen von der einen Wahl zur nächsten nicht signifikant veränderten. Ferner lässt sich sagen, dass die Variable „Einwanderung: negativ" bestimmte Standpunkte enthält. So ist die Variable durch folgende Standpunkte einer Partei codiert. Die Codierung beinhaltet Aussagen bzw. Erklärungen zur Einschränkung des Einwanderungsprozesses, wie z.B. dass die Einwanderung als Bedrohung des nationalen Charakters zu sehen sei; dass das Argument „Das Boot ist voll" getätigt wurde; oder dass die Einführung von Migrationsquoten, einschließlich der Beschränkung der Einwanderung aus bestimmten Ländern, erforderlich sei (manifesto-project.wzb.eu/coding_schemes/mp_v5).

Abb. 5: Rechts-Links-Positionierung zum Thema „Einwanderung: positiv" BTW2013 & 2017 (Volkens, Krause et al. 2019a)

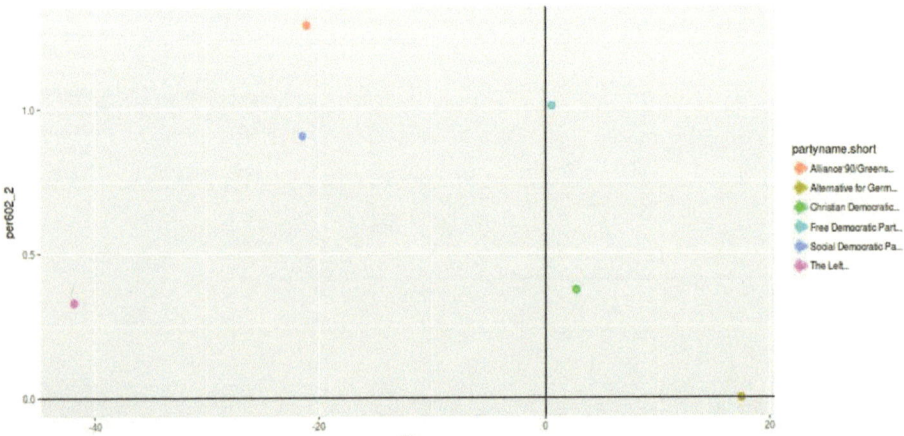

Abbildung 5 stellt die Entwicklungen der Positionierungen der deutschen Parteien von der Bundestagswahl 2013 zur Bundestagswahl 2017 zum Thema Einwanderung im positiven Sinne dar. Gleichzeitig bildet Abbildung fünf das Gegenstück zu Abbildung 4. Im Kontext der vorliegenden Hausarbeit ist die AfD in dieser Grafik besonders wichtig. Demnach ist die AfD weit rechts auf der X-Achse und genau auf der Y-Achse zu finden. Die Codierung in dieser Grafik bedeutet, dass die Parteien Aussagen zugunsten neuer Einwanderer trafen, dass sie sich gegen Beschränkungen und Quoten aussprachen und dass sie neue Einwanderer zum Wohle der Wirtschaft zuließen. Die Positionierung der AfD kann so gewertet werden, als dass sie keine dieser „Codierungsaussagen" tätigten und somit kaum positive Aussagen zur Einwanderung getroffen haben. Außerdem sieht man, dass die Grünen die Partei mit den meisten positiven Aussagen zum Thema Einwanderung waren. Wie bereits in Abbildung 4, sind in Abbildung 5 wiederholt keine Veränderungen zur Bundestagswahl 2014 wahrzunehmen. So ist anzunehmen, dass sich die Positionierungen und damit die Aussagen im Wahlprogramm der Parteien nicht veränderten.

Schaut man sich das Wahlprogramm der CDU/CSU zur Bundestagswahl 2017 an, so lässt sich sogar die „accomodative-strategy" nach Meguid feststellen. Die CDU spricht in ihrem Wahlprogramm von Mängeln an der Situation nach der Flüchtlingskrise 2015, bildeten zu dieser Zeit jedoch selbst die Regierung und waren somit maßgeblich an dieser Situation beteiligt. Außerdem nimmt die CDU in jenem Wahlprogramm zum Thema Einwanderung und Flüchtlinge einen deutlich konservativeren Standpunkt ein und spricht die WählerInnen mit einem schärferen Ton zum Thema Flüchtlinge an. „Die Union erklärt, dass sich in der Flüchtlingspolitik eine Situation wie im Jahr 2015 nicht wiederholen dürfe. Das bedeutet vor allem, dass die Zahl der Flüchtlinge, die nach Deutschland kommen, dauerhaft niedrig bleiben soll. […] Abgelehnte Flüchtlinge sollen verstärkt zurückgeschickt oder abgeschoben werden - auch nach Afghanistan. […] Der Familiennachzug soll nur für anerkannte Asylbewerber möglich sein. Wer straffällig wird, müsse abgeschoben werden." (tagesschau.de 2017). Durch die Wahlerfolge der AfD auf Länderebene Monate vor der Bundestagswahl, war sich die CDU dessen bewusst geworden, dass die „accomodative-strategy" das weitere Vorgehen der Partei prägen soll. Denn die AfD sprach sich seit der Flüchtlingskrise 2015 bis zum heutigen Tage – siehe Abbildung 5 - immer wieder negativ zu Einwanderung und Flüchtlingen aus. Darüber hinaus konnte die AfD damit viele WählerInnen für sich gewinnen. Nachdem die CDU lange Zeit die Unzufriedenheit der Bürger – dargestellt in Abbildung 3 im Sinne einer „dismissive-strategy" ignorierte, entschied sich die CDU das „issue" der Nischenpartei der AfD zu übernehmen, um so die „accomodative-strategy" für einen WählerInnenzulauf anzuwenden. Die Untersuchung von Abou-Chadi mit dem Namen „Niche Party Success and Mainstream Party Policy Shifts – How Green and Radical Right Parties Differ in Their Impact" kam zu demselben Entschluss. So zeigte Abou-Chadi mit seiner Veröffentlichung, dass der Erfolg rechtspopulistischer Parteien wie der AfD, den etablierten Parteien (insbesondere der gemäßigten rechten Parteien wie der CDU) einen Anreiz bietet, ihre Position in Richtung eines kulturellen protektionistischen Profils verschieben und das Einwanderungsproblem betonen zu können (Abou-Chadi 2014, S.433).

Abb. 6: Wählerwanderung BTW2017 (wahl.tagesschau.de)

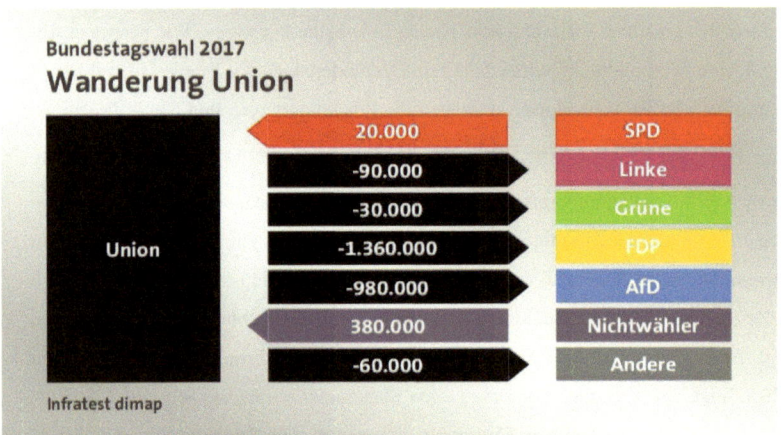

Anhand dieser Abbildung sieht man jedoch, dass der Strategiewechsel der CDU viel zu spät erfolgte. So trat die CDU ca. 980000 WählerInnen an die AfD ab und machte die AfD unter anderem damit zur drittstärksten Kraft im deutschen Bundestag.

3.3 Diskussion der Forschungsergebnisse

Welche Aussagen können nun durch die Analyse getroffen werden? Welches Bild ergibt sich, wenn alle Abbildungen zusammen interpretiert werden? Und lässt sich nun die Forschungshypothese annehmen oder falsifizieren? Dieses Unterkapitel wird sich der expliziten Beantwortung der Forschungshypothese widmen.

Durch Abbildung 1 konnte eine grundsätzliche Wichtigkeit der Flüchtlings- und Einwanderungspolitik bei der Bundestagswahl 2017 festgestellt werden. So gaben viele Bürger an, dass sie aus Gründen der damals aktuellen Flüchtlingspolitik zur Wahlentscheidung motiviert wurden. Durch Abbildung 2 wurde schnell klar, dass viele Bürger genau das anprangerten, was die deutsche Regierung unter Merkel laut unzufriedener Bürger seit der Flüchtlingskrise 2015 falsch machte. Diese Unzufriedenheit einiger Bürger zur damaligen Flüchtlingspolitik untermauert Schaubild 3 und macht gleichzeitig deutlich, dass vor allem spätere AfD-Wähler zu 100% hinter dieser Unzufriedenheit standen. Es ist also davon auszugehen, dass die Massenparteien lange Zeit bewusst oder unbewusst die „adversarial-strategy" angewandt hatten und damit den Erfolg der Nischenpartei – also der AfD – begünstigten. So bestätigt Abbildung 4, dass die AfD im Großen und Ganzen die einzige Partei war, die die Gegenposition zur damaligen Flüchtlingspolitik schmückte und konträre Meinungen vertrat, wodurch die Massenparteien die Sympathie der Nischenpartei (AfD) stiegen ließen. Die „adversarial-strategy" sagt also aus, dass letztendlich die Haltung des Bürgers zum „issue" entscheidend für seine Stimmgebung ist. Schaut man sich nun all jene Bürger an, die in den Umfragen in Abbildung 2 und 3 ihrer Unzufriedenheit eine Stimme verliehen und gleichzeitig die konträre Meinung der AfD (Abb. 4) zur Flüchtlingspolitik teilten, kann von einem WählerInnenzulauf zugunsten der AfD im Sinne der „adversarial-strategy" die Rede sein. Diese Strategie verfolgten viele der großen Parteien, ob bewusst oder unbewusst für eine gewisse Zeit. Doch schaut man sich das Wahlprogramm der Parteien zur Bundestagswahl 2017 an, so ist schnell ein Paradigmenwechsel im Gegensatz zur bisherigen Flüchtlingspolitik zu erkennen. Der Ton gegenüber Flüchtlingen im Allgemeinen und gegenüber Problemen der Flüchtlingskrise wurde schärfer. So kann man bei genauerer Betrachtung der Wahlprogramme bei einigen Massenparteien – wie der CDU/CSU – von einer „accomodative-strategy" nach Meguid sprechen, die erst kurz vor der Bundestagswahl 2017 zur Geltung kam. Die Massenparteien versuchten damit, dem Erfolg der AfD in den vorläufigen Umfragen zur Bundestagswahl 2017 entgegenzuwirken. Die wissenschaftliche

Veröffentlichung von Abou-Chadi[1] kommt zu demselben Entschluss und unterstützt somit die eben genannte These.

Der Erfolg der AfD bei der Bundestagswahl 2017 korreliert aufgrund der oben erarbeiteten Datengrundlage u.a. sicherlich mit der einhergehenden Positionierung der AfD in der Flüchtlingsfrage. Jedoch muss hierzu gesagt, dass der Erfolg anhand vielfältiger Faktoren begründet werden kann. So tragen sicherlich andere Faktoren zum Erfolg der AfD bei. Abschließend kann also festgehalten werden, dass die Positionierung der AfD zur Flüchtlingsfrage mit Sicherheit zum Erfolg bei der Bundestagswahl 2017 beigetragen hat, jedoch der Erfolg in dem Ausmaß von mehr als dem Faktor der Positionierung abhängt.

Die vorliegende Arbeit weist jedoch nicht auf, wie stark die Korrelation der beiden Variablen ist, um somit letztendlich die Stärke des Impacts der Positionierung der AfD bei der Flüchtlingsfrage, auf den Erfolg bei der Bundestagswahl 2017 feststellen zu können. Demnach hatte die vorliegende Hausarbeit zu keinem Zeitpunkt den Anspruch alle Dimensionen, die der Erklärung des Erfolgs der AfD zu Grunde liegen können, zu analysieren. Hier wurde ausschließlich, die Dimension der Positionierung der AfD zur Flüchtlingsfrage analysiert, um eine mögliche Wirkung dessen auf den Erfolg der AfD darzustellen. Da der Erfolg der AfD jedoch ein mehrdimensionales Phänomen darstellt und mit Sicherheit latente Variablen existieren, die bei diesem Phänomen mit hineinspielen, kann im Rahmen dieser Hausarbeit kein endgültiges Ergebnis geliefert werden. Dennoch brachte die vorliegende Analyse wie bereits am Anfang dieses Unterkapitels erwähnt, einige Erkenntnisse.

---

[1] Siehe vorheriges Unterkapitel

4. Fazit

Zusammenfassend kann also festgehalten werden, dass der Erfolg der AfD bei der Bundestagswahl 2017 unter anderem anhand ihrer Positionierung bei der Flüchtlingsfrage erklärt werden kann. Die vorliegende Arbeit zeigte deutlich, dass die Fehler der Bundesregierung, die in der Flüchtlingskrise begangen wurden und die positive Positionierung vieler Massenparteien gegenüber Flüchtlingen und der Flüchtlingspolitik im Allgemeinen, den Erfolg der AfD – als Gegenpol – bestärkten.

Für weitere Forschungsarbeiten und Weiterführungen wäre es demnach interessant, die Stärke der Korrelation der hier verwendeten Variablen zu messen, um so den Impact der Positionierung auf den Erfolg der AfD analytisch festzuhalten. Des Weiteren bleibt die Auswirkung der jüngst getroffenen „accomodative-strategy" der CDU/CSU abzuwarten. Interessant ist hierbei, ob diese Strategie zu einem Wählerstimmenanstieg im Sinne der Theorie von Meguid zugunsten der Massenpartei bzw. im Sinne der Union endet.

Feststeht, dass die Bundesregierung Deutschlands mit der erfolgreichen rechtspopulistischen Partei „Alternative für Deutschland" ein großes Problem hat, dass es zu lösen gilt. Der beständige Erfolg der AfD scheint vor allem in naher Zukunft unaufhaltsam. Man könnte meinen, dass vor allem rechte Parteien aufgrund von geschichtsträchtigen Ereignissen in Deutschland, keine rechtliche Grundlage für einen derartigen Erfolg besitzen. Die AfD als rechtspopulistische Partei mitsamt ihrem Erfolg ist nur ein Problem, da sie verfassungsrechtlich einen faktischen Gehorsam leisten und dennoch eine europafeindliche Gesinnung innehaben. Der deutsche Rechtsphilosoph Ernst-Wolfgang Böckenförde fasst das hier angesprochene Problem – auch als „Böckenförde Dilemma" bekannt – wie folgt zusammen: „Der freiheitliche, säkularisierte Staat lebt von Voraussetzungen, die er selbst nicht garantieren kann" (frankfurterrundschau.de 2016). Das bedeutet, dass die deutsche Bundesrepublik von einem gemeinsamen Verfassungsethos, einer gemeinsamen Verfassungsliebe lebt, die der Staat selbst nicht erzwingen kann. Langfristig wird also der deutsche Rechtsstaat und dessen Parlament nur dann überleben und den Rechtspopulismus bezwingen, wenn die Bürger Deutschlands eine moralische Affinität zu den Verfassungswerten und der deutschen Parteien entwickeln.

5. Literaturverzeichnis

Monographien:

- Abou-Chadi, Tarik: Niche Party Success and Mainstream Party Policy Shifts – How Green and Radical Right Parties Differ in Their Impact, Cambridge University Press, 2014, S. 433
- Meguid M., Bonnie: Competition Between Unequals: The Role of Mainstream Party Strategy in Niche Party Success, American Political Science Review Vol. 99, No. 3 August 2005, S. 347-349

Datenquellen:

- Volkens, Andrea / Krause, Werner / Lehmann, Pola / Matthieß, Theres / Merz, Nicolas / Regel, Sven / Weßels, Bernhard (2019): The Manifesto Data Collection. Manifesto Project (MRG/CMP/MARPOR). Version 2019a. Berlin: Wissenschaftszentrum Berlin für Sozialforschung (WZB). https://doi.org/10.25522/manifesto.mpds.2019a, Stand: 15.09.2019
- Manifesto-Codebuch: https://manifesto-project.wzb.eu/coding_schemes/mp_v5, Stand: 15.09.2019

Internetquellen:

- Der Bundeswahlleiter: https://www.bundeswahlleiter.de/info/presse/mitteilungen/bundestagswahl-2017/34_17_endgueltiges_ergebnis.html, Stand: 15.09.2019
- Tagesschau/Infratest Dimap Daten: https://wahl.tagesschau.de/wahlen/2017-09-24-BT-DE/index.shtml, Stand: 15.09.2019
- Tagesschau Wahlprogramme, 2017: https://www.tagesschau.de/inland/btw17/programmvergleich/programmvergleich-fluechtlinge-101.html, Stand:25.09.2019
- Bundeszentrale für politische Bildung: „Flucht in die Krise – Ein Rückblick auf die EU-"Flüchtlingskrise" 2015", aus Politik und Zeitgeschichte (APUZ 52/2015), S. 1-2, http://www.bpb.de/apuz/217302/ein-rueckblick-auf-die-eu-fluechtlingskrise-2015?p=1, Stand: 15.09.2019

- Frankfurter Rundschau: https://www.fr.de/kultur/boeckenfoerde-dilemma-11111136.html, Widmann Arno 2016, Stand: 15.09.19